who?

글 오영석

어린이들이 재미있고 신나게 읽을 수 있는 책을 쓰기 위해 노력하는 작가입니다. 나와 똑같이 고민하고, 실패했던 위인들의 이야기를 통해 독자들도 '할 수 있다'는 마음을 가지길 바랍니다. 작품으로 《세계사 한국사》, 《과학 교과 주제 탐구Q. 몸》, 《걸어서 세계 속으로 2. 일본》 등이 있습니다.

그림 크레파스

어린이들을 위해 새롭고, 재미있고, 즐거운 이야깃거리를 만드는 만화 창작 집단입니다. 세상을 바꾼 인물들의 삶을 통해 어린이들이 희망찬 미래를 만들어가길 바랍니다. 작품으로 《지식 똑똑 경제 리더십 탐구—긍정의 힘》, 《Why? 서양 근대 사회의 시작》, 《Why? 세계대전과 전후의 세계》 등이 있습니다.

감수 경기초등사회과연구회
진로 탐색 감수 이랑(한국고용정보원 전임연구원)
추천 송인섭(숙명 여자 대학교 명예 교수)

 세계 인물

앤드루 카네기

개정판 1쇄 인쇄 2024년 11월 15일
개정판 1쇄 발행 2025년 1월 1일

글 오영석 **그림** 크레파스

펴낸이 김선식
펴낸곳 다산북스

부사장 김은영
어린이사업부총괄이사 이유남
책임편집 박세미 **디자인** 김은지 **책임마케터** 김희연
어린이콘텐츠사업1팀장 박정민 **어린이콘텐츠사업1팀** 김은지 박세미 강푸른
마케팅본부장 권장규 **마케팅3팀** 최민용 안호성 박상준 김희연
편집관리팀 조세현 김호주 백설희 **저작권팀** 이슬 윤제희 **제휴홍보팀** 류승은 문윤정 이예주
재무관리팀 하미선 김재경 임혜정 이슬기 김주영 오지수
인사총무팀 강미숙 이정환 김혜진 황종원
제작관리팀 이소현 김소영 김진경 최완규 이지우 박예찬
물류관리팀 김형기 김선민 주정훈 김선진 한유현 전태연 양문현 이민운

출판등록 2005년 12월 23일 제313-2005-00277호
주소 경기도 파주시 회동길 490
전화 02-704-1724 **팩스** 02-703-2219
다산어린이 카페 cafe.naver.com/dasankids **다산어린이 블로그** blog.naver.com/stdasan
종이 신승NC **인쇄** 북토리 **코팅 및 후가공** 평창피앤지 **제본** 대원바인더리

ISBN 979-11-306-5804-9 14990

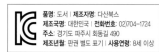

앤드루 카네기
Andrew Carnegie

다섯
어린이

자신만의 멘토를 만날 수 있는
who? 시리즈

다산어린이의 〈who?〉 시리즈는 어린이들은 물론 어른들에게도 재미와 감동을 주는 교양 만화입니다. 〈who?〉 시리즈는 전 세계 인류에 영향력을 끼친 인물들로 구성되었으며 인물들의 삶과 사상을 객관적으로 전해 줍니다.

이처럼 다양한 나라와 분야에서 활약한 위인들의 이야기를 통해 과학, 예술, 정치, 사상에 관한 정보는 물론이고, 나라별 문화와 역사까지 배우게 될 것입니다. 〈who?〉 시리즈의 가장 큰 장점은 위인들이 그들의 삶에서 겪은 기쁨과 슬픔, 좌절과 시련, 감동을 어린이들이 함께 느낄 수 있다는 것입니다. 어린이들은 이 책을 읽으면서 폭넓은 감수성을 함양하게 됩니다.

〈who?〉 시리즈의 어린이 독자들이 책 속의 위인들을 통해 자신만의 멘토를 만나 미래의 세계적인 리더로 성장하기를 진심으로 응원합니다.

존 덩컨 미국 UCLA 동아시아학부 교수

존 덩컨(John B. Duncan) 교수는 한국학 분야의 세계적인 석학으로 미국 UCLA 한국학 연구소 소장 및 동 대학의 동아시아학부 교수를 겸직하고 있습니다. 하버드 대학교 교환 교수와 고려 대학교 해외 교육 프로그램 연구센터장을 역임했으며, 주요 저서로는 《조선 왕조의 기원》, 《조선 왕조의 시민 행정의 제도적 기초》 등이 있습니다.

세상을 더 나은 곳으로 만든
사람들의 이야기

　　어린이들은 자라면서 수많은 궁금증을 가지게 됩니다. 그중에서도 "저 사람은 누굴까?"라는 질문은 종종 아이들의 머릿속을 온통 지배해 버리기도 합니다. 다산어린이에서 출간된 〈who?〉 시리즈는 그런 궁금증을 해결해 주기 위해 지구촌 다양한 분야의 리더들을 소개하고 있습니다.

　　〈who?〉 시리즈에 등장하는 인물들은 인종과 성별을 넘어 세상을 더 나은 곳으로 만든 사람들입니다. 어린이들은 이 책에서 디지털 아이콘으로 불리는 스티브 잡스는 물론 니콜라 테슬라와 같은 천재 발명가를 만날 수 있습니다.

　　책 속 주인공들의 어린 시절 이야기를 통해 기쁨과 슬픔, 도전과 성취감을 함께 맛보고, 그들과 함께 성장하면서 스스로 창조적이고 인류에 도움이 되는 사람이 되겠다는 포부와 자신감을 갖게 될 것입니다.

　　〈who?〉 시리즈 속에서 다채롭고 생동감 넘치는 위인들의 이야기를 만나 보세요.

에드워드 슐츠 하와이 주립 대학교 언어학부 교수

에드워드 슐츠(Edward J. Shultz) 하와이 주립 대학교 언어학부 교수는 동 대학의 한국학센터 한국학 편집장을 역임한 세계적인 석학입니다. 평화봉사단 활동의 하나로 한국에서 영어 교사로 근무한 경험이 있으며, 현재 한국과 미국, 일본을 오가며 활발한 활동을 펼치고 있습니다. 저서로는 《중세 한국의 학자와 군사령관》, 《김부식과 삼국사기》 등이 있고, 한국 중세사와 정치에 대한 다수의 기고문을 출간했습니다.

미래 설계의 힘을 얻는 길이 여기에 있습니다

어린이가 성장하는 시기에는 스스로 미래를 설계하며 다양한 책을 접하는 경험이 필요합니다.

어린 시절 만난 한 권의 책이 인생에 미치는 영향이 얼마나 큰지는 꿈을 이룬 사람들의 말을 통해서 알 수 있습니다. 빌 게이츠는 오늘날 자신을 만든 것은 동네의 작은 도서관이었다고 말하고, 오프라 윈프리는 어린 시절 유일한 친구는 책이었음을 고백하며 독서의 중요성에 대해 이야기합니다.

꿈을 이룬 사람들의 공통점은 또 있습니다. 그들에게는 어린 시절, 마음속에 품은 롤 모델이 있었습니다. 여러분의 롤 모델은 누구인가요? 〈who?〉 시리즈에서는 현재 우리 어린이들이 가장 닮고 싶어하는 롤 모델을 만날 수 있습니다. 버락 오바마, 빌 게이츠, 조앤 롤링, 스티브 잡스 등 세상을 바꾼 사람들의 감동적인 이야기를 담은 〈who?〉 시리즈는 어린이들이 구체적인 목표를 설정하고 희망찬 비전을 세울 수 있도록 도와줄 친구이면서 안내자입니다. 〈who?〉 시리즈를 통하여 자신의 인생 모델을 찾고 미래 설계의 힘을 얻을 수 있습니다.

송인섭 숙명 여자 대학교 명예 교수

숙명 여자 대학교 명예 교수이자 한국영재교육학회 회장으로 자기주도학습 분야의 최고 권위자입니다. 한국교육심리연구회 회장, 한국교육평가학회장, 한국영재연구원 원장을 역임했습니다. 자기주도학습과 영재 교육의 이론을 실제 교육 현장에 적용하기 위해 노력하고 있습니다.

평생을 이끌어 줄
최고의 멘토를 만날 수 있는 책

10대에 가장 중요한 것은 무엇일까요? 학과 공부와 입시일까요? 우리나라 최초의 국제회의 통역사로 30년 동안 활동하면서 글로벌 리더들을 만날 기회가 수없이 많았던 저는 대한민국의 초등학생들에게 특별한 조언을 해 주고 싶습니다. 그것은 큰 꿈을 가지는 것이 무엇보다 중요하다는 것입니다.

꿈은 힘들고 지칠 때 나를 이끌어 주는 힘이고 내 인생의 주인이 되어 일어설 수 있게 하는 원동력이 되어 줍니다. 꿈이 있는 아이가 공부도 잘하고 결국 그 꿈을 실현할 수 있게 되는 것입니다. 저 역시 어린 시절 품었던 꿈이 지금의 자리에 있게 한 원동력이었습니다. 남들이 모르는 큰 꿈을 마음속에 간직하고 있었기에 괴롭고 힘들어도 포기하지 않고 다시 일어설 수 있었습니다.

어린 시절 저에게도 힘들고 지칠 때마다 용기를 불어넣어 주고 힘이 되어 주었던 분들이 있었습니다. 지금의 자리로 저를 이끌어 준 멘토들처럼 〈who?〉 시리즈에서 여러분의 친구이자 형제, 선생이 되어 줄 멘토를 만날 수 있기를 바랍니다.

최정화 한국 외국어 대학교 교수

우리나라 최초의 국제회의 통역사로 현재 한국 외국어 대학교 통번역대학원 교수로 재직 중입니다. 세계 무대에서 자신의 꿈을 이룬 여성 신화의 주인공으로, 역시 세계에서 꿈을 펼치려고 하는 청소년들에게 멘토로서의 역할을 충실히 하고 있습니다. 저서로는 《외국어 내 아이도 잘할 수 있다》, 《외국어를 알면 세계가 좁다》, 《국제회의 통역사 되는 길》 등이 있습니다.

앤드루 카네기

- 이름: 앤드루 카네기
- 생몰년: 1835~1919년
- 국적: 미국
- 직업·활동 분야: 기업인 겸 자선 사업가
- 주요 업적: 카네기 철강 회사(US 스틸사의 모태) 설립, 카네기 재단 설립, 카네기홀 설립

미국 전역에 강철을 보급하여 '철강왕'이라 불렸던 사업가 앤드루 카네기는 더 많은 이득을 내기 위해 앞만 보고 달렸습니다. 그러나 엄청난 부를 축적한 자신과는 달리 힘든 생활을 이어 가는 노동자의 모습이 카네기 스스로의 삶을 되돌아보게 만들었지요. 이후 카네기는 노동자를 인생의 동료로 여기게 되었고, 전 재산을 들여 기부 활동을 펼치기 시작했습니다.

토머스 스콧

펜실베이니아 철도 회사의 피츠버그 책임자였던 스콧은 카네기의 실력을 알아보고, 조수로 받아들입니다. 카네기는 스콧으로부터 철도 사업의 기초를 배웠고, 이후 스콧이 부사장으로 승진하면서 카네기가 스콧의 자리를 물려받게 됩니다.

헨리 베서머

영국의 기술자 헨리 베서머는 강철을 보다 간단한 공정으로 얻는 방법을 알아낸 사람입니다. 이 소식에 미국에 있던 카네기는 한달음에 영국으로 달려가 베서머의 기술을 확인했고, 이를 미국 전역에 보급하며 큰돈을 벌어들입니다.

들어가는 말

■ 옷감을 짜서 파는 직조공의 아들이었던 카네기가 철강 산업에 뛰어들게 된 계기에 대해 살펴봐요.

■ 카네기가 미국에 강철 보급을 서두르지 않았다면, 또는 카네기가 강철의 중요성을 빨리 알아채지 못했다면 미국의 모습은 현재와 달랐을까요?

■ 사업가에게 우선이 되는 것은 무엇일까요? 또 기부가로서 중요한 덕목은 무엇일까요?

1 직조공의 아들

영국 스코틀랜드의 시골 마을 던펌린.

무슨 소리!

다 비켜!
내가 일등이야!

일등!

앤드루, 토끼가 좀 자랐니?

네!

그런데 너보다 친구들이 더 토끼를 챙기던걸?

새로 태어난 토끼들에게 친구들의 이름을 붙여 줬거든요. 그랬더니 각자 자기 이름을 가진 토끼에게 먹이를 주려고 난리예요.

어떻게 그런 생각을 했니?

토끼가 많아지니 혼자 먹이를 주기 힘들었거든요. 다행히 친구들과 함께 하여 시간도 절약되고, 먹이도 골고루 줄 수 있게 되었어요.

일을 효율적으로 할 줄 아는구나. 내 후계자로 손색이 없어. 하하!

여보, 그런데 요즘 일거리가 줄어들고 있지 않아요?

응, 공장에서 만든 값싼 천 때문이지. 하지만 내가 짠 옷감의 품질이 훨씬 뛰어나니까 걱정하지 마.

직조공의 아들 **15**

앤드루 카네기의 고향 스코틀랜드 던펌린은
*직조 기술자들이 모여 사는 마을로,
하루 종일 베 짜는 소리가 울려 퍼졌습니다.

앤드루의 아버지 윌리엄 카네기 역시 솜씨 좋은
직조공이었습니다. 하지만 *산업 혁명으로 직조 공장이
들어서면서 직조공의 일거리는 갈수록 줄어들었습니다.
공장에서 대량으로 생산하는 옷감은 손으로 짠 옷감보다
훨씬 싼값에 팔렸기 때문입니다.

위 이이 잉

직조공이 짠 옷감의
품질이 훨씬 좋았지만,
사람들은 값싸고 빠르게
구할 수 있는 공장의
옷감을 선호했습니다.

윌리엄 씨,
갑자기 해고라니요.

정말 미안하네.
하지만 일거리가 없으니
자네들을 계속 고용할
수가 없군.

*직조: 기계나 베틀 등으로 옷감을 짜는 일
*산업 혁명: 18세기 후반, 유럽에서 시작된 사회 변화.
　　공장에서 대량으로 물건을 만들어 내는 계기가 되었다.

카네기의 성공 열쇠

나눔을 실천한 미국의 강철왕 앤드루 카네기
© cliff1066™

카네기의 아버지는 영국에서 옷감을 짜서 파는 직조공이었어요. 그런데 영국에서 산업 혁명이 시작되며, 공장에서는 옷감이 대량으로 생산되었지요. 그 영향으로 카네기의 가족은 일거리를 잃었고, 미국으로의 이민을 결심했습니다.

우리가 기억하는 앤드루 카네기는 세계 최고 기업가이자 기부가이지만, 어린 시절 그는 집안에 조금이라도 도움이 되기 위해 직조 공장 직원, 전보 배달원, 전신 기사 등의 일을 하며 힘겨운 성장기를 보냈답니다.

카네기가 성공할 수 있었던 종목은 '강철'이에요. 그는 튼튼한 강철을 산업 현장에 들여와 선박, 철도, 가스관, 엘리베이터 등 여러 분야의 산업 발전에 기여했지요. 그래서 카네기에게 '철강왕'이란 별명까지 붙었답니다. 카네기의 키는 고작 150센티미터밖에 되지 않았지만, 그는 누구도 넘볼 수 없는 거장이 되었습니다. 자, 그럼 스코틀랜드의 작은 꼬마가 어떻게 이런 대단한 인물로 성장할 수 있었는지 그 비결을 알아볼까요?

스코틀랜드 던펌린에 있는 카네기의 생가
© Kilnburn

하나 ⟨ 개척 정신

철강 사업에 뛰어든 카네기는 나무로 된 기찻길을 모두 단단하고 안전한 철로 바꾸려 했습니다. 하지만 철은 서너 달만 지나면 녹아내려서 바꿔 줘야 하는 번거로움이 있었어요. 고민 끝에 카네기는 철보다 강한 강철을 선택합니다. 카네기는 영국의 기술자 헨리 베서머가 개발한 방법으로 강철을 생산하기 시작했습니다. 당시 강철은 가격이 너무 비싸서 잘 사용하지 않던 재료인데다가 헨리 베서머가

개발한 강철 제조법은 확실하게 검증되지 않은 상태였기에
사람들은 카네기의 결정을 비웃었지요. 그러나 카네기에게는
확신이 있었고, 흔들림없이 밀고 나갔습니다. 새로운 기준을
개척하려는 의지가 없었다면 불가능한 일이었지요.

미국 피츠버그의 풍경. 소년 시절 카네기는
이곳에서 전보 배달원으로 일했습니다. ⓒ ctj71081

둘 재능보다 노력

미국으로 이민을 간 카네기는 소년 시절 전보 배달원으로 일한
적이 있어요. 부모님은 카네기가 그곳 지리를 잘 몰라 전보
배달을 잘할 수 없을 거라고 걱정했지만, 카네기는 며칠 안에
지명을 몽땅 외워 누구보다 빨리 배달했습니다. 카네기는
전보 배달원으로 일하면서 틈틈이 모스 부호도 익혔습니다.
놀라운 점은 카네기가 모스 부호가 도착하는 신호음만 듣고
내용을 해독할 수 있었다는 사실입니다. 전신 기사들도
전신기가 종이에 새기는 모스 부호를 보고 그 내용을
해독했는데 말이에요. 그것도 누가 가르쳐 준 것이 아니라
스스로 익힌 것입니다. 이렇게 되기까지 카네기는 남몰래
많은 노력과 연습을 했답니다.

조명기를 이용해 모스 부호를 보내는 해군
ⓒ Official U.S. Navy Page

who? 지식사전

모스 부호의 발명

모스 부호는 짧은 발신 전류와 긴 발신 전류를 적절히 조합해 알파벳과 숫자의 표기를
가능하게 한 전신 부호입니다. 미국의 발명가 새뮤얼 핀리 브리즈 모스가 발명했지요. 짧은
발신 전류는 '점'으로, 긴 발신 전류는 '선'으로 표시되며 예를 들어 '· -'는 A, '· · ·'는 S를
뜻합니다. 그래서 각 알파벳과 숫자를 뜻하는 신호들의 조합만 알고 있으면 모스 부호를
해독할 수 있지요. 최초의 모스 부호는 1844년, 미국의 볼티모어에서 워싱턴으로 연락을
취하는 데 사용되었습니다. 그 후, 멀리 떨어진 사람들끼리 연락을 주고받을 때 활발히
이용되었으나 지금은 통신 기술이 발전하면서 거의 쓰이지 않아요. 모스 부호는 이제 배가
바다를 항해할 때나 구조 요청을 할 때 등 특수한 상황에서만 쓰인답니다.

모스 부호를 발명한
새뮤얼 핀리 브리즈 모스

셋 내일을 보는 눈

미국 남북 전쟁 당시 북군은 군인과 전쟁에 필요한 물품들을 기차로 운반했어요. 구석구석까지 빠르게 이동하기 위해 점점 더 많은 철도를 놓게 되었고, 철도는 북군이 전쟁에 승리하는 데 큰 힘이 되었습니다. 이를 지켜본 카네기는 철도의 시대가 올 것을 예감했고, 실제로 이 예감은 맞아떨어졌습니다. 그뿐만이 아니었어요. 카네기는 총과 대포에 무너져 내리는 건물들을 보며 전쟁이 끝난 뒤 철강 산업의 시대가 올 것을 내다보았어요. 카네기는 자신의 판단을 믿고 철강 사업을 시작했고, 결국 대성공을 거두었습니다. 얼마 지나지 않아 대부분의 산업에 강철을 사용했으니까요. 카네기는 뛰어난 통찰력으로 내일의 흐름을 읽은 것입니다.

철을 제련하여 강철을 생산해 내는 용광로
© Trinecke Zelezarny

넷 집중력

철강 사업을 시작한 카네기는 오직 그 일에만 집중했어요. 뛰어난 능력을 발휘했던 전신 기사 일도 과감히 포기했지요. 사업에 꼭 필요한 철이 부족하자 철이 묻혀 있는 광산을 통째로 산 일화는 그가 얼마나 사업에 몰두했는지 알 수 있는 예입니다.

who? 지식사전

노예 해방을 선언한 미국의 링컨 대통령

남북 전쟁과 노예 제도

미국 제16대 대통령 에이브러햄 링컨은 흑인 노예에게 자유를 주기 위해 노예 해방을 선언합니다. 그러자 노예의 노동력을 이용하여 산업을 발전시키려던 남부 사람들은 자신들만의 나라를 만들겠다며 전쟁을 일으킵니다. 링컨은 군대를 동원해서 남부 사람들에게 맞섰습니다. 미국이 남과 북으로 갈려 4년여에 걸쳐 벌인 남북 전쟁은 이렇게 시작된 거예요. 결국 전쟁은 북군의 승리로 막을 내렸고, 이후 미국의 노예 제도는 폐지되었습니다.

1885년, 앤드루 카네기는 '사업적 성공으로 가는 길'이라는 제목의 연설에서 이렇게 말했습니다.
"달걀을 한 바구니에 담지 말라는 말은 틀렸습니다. 저는 달걀을 모두 한 바구니에 담고, 그것을 잘 지키라고 하고 싶습니다. 달걀을 깨뜨리는 건 한 바구니에 담아서가 아니라, 너무 많은 바구니를 들고 있기 때문입니다. 단 하나에 집중하는 사람은 자주 실패하지 않습니다."

과거 홈스테드 제강소가 있던 곳. 이제 제강소는 몇 개 없고, 상점들이 들어섰습니다.

다섯 동료애

카네기는 일에 있어서 매우 엄격했어요. 직원의 작은 실수도 눈감아 주지 않고 일일이 책임을 물었지요. 그러나 노동자들이 목숨을 걸고 벌인 홈스테드 제강소 파업은 카네기의 생각에 큰 변화를 가져왔습니다. 자신의 부와 성공이 노동자들의 피와 땀에 힘입은 것이라는 사실을 깨닫게 되었기 때문이에요. 이 사건 이후 카네기는 노동자를 단순히 일꾼이 아니라 인생의 동료로 여기게 되었습니다.
이후 카네기는 그동안 쌓은 부를 사회에 되돌려주는 '제2의 인생'을 살았어요. 그는 예순다섯 살에 은퇴를 하고 도움이 필요한 곳에 기부를 하며 여생을 보냈습니다.

가동을 멈춘 채 버려진 홈스테드 지역의 제강소

또 한 명의 유명한 카네기, 데일 카네기

철강왕 앤드루 카네기와 관계는 없지만 또 한 명의 유명한 카네기가 있어요. 바로 데일 카네기(1888~1955년)입니다. 데일 카네기는 미국의 저명한 경영 컨설턴트입니다. 컨설턴트란 누군가에게 조언을 해 주는 상담가를 말해요.
데일 카네기는 남을 칭찬하고 잘못을 솔직히 인정하면 인간관계가 원활해지고, 이는 곧 회사의 성공으로 이어진다고 주장했습니다.
또 그는 인간관계에서는 웃음이 매우 중요하다고 말했어요. 웃음은 가정에 행복을 안겨 줄 뿐 아니라 사업에도 활력을 불어넣어 주기 때문이지요. 데일 카네기의 저서로는 《인간관계론》, 《행복론》, 《자기 관리론》 등이 있습니다.

2 일터로 나서다

1848년, 카네기 가족은 미국 피츠버그에 도착했습니다. 그곳에는 미국으로 카네기 가족을 초대한 호건 부부가 마중 나와 있었습니다.

호건 이모!

어서 와라, 앤드루. 많이 컸구나.

여기까지 오느라 힘드셨죠? 자, 이쪽으로 가시죠.

그래.

카네기 가족이 살 집은 피츠버그 외곽 지대의 노동자 마을에 있었습니다. 그곳에는 금방이라도 쓰러질 것 같은 목조 주택들이 즐비했습니다.

그러던 어느 날, 카네기 가족에게
반가운 손님이 찾아왔습니다.

앤드루는 전보 배달원으로 일하기 시작했습니다. 전보는 문자를 전자 신호로 바꾸어 멀리 떨어진 곳에 알리는 방식으로, 당시 매우 중요한 연락 수단이었습니다.

*모스 부호로 전달된 전보 내용을 전신 기사가 해독하여 글자로 적어서 주면, 그것을 받는 사람에게 전달하는 것이 앤드루의 일이었습니다.

?

쫙

* 모스 부호: 점과 선을 배합하여 문자와 기호를 나타내는 전신 부호

카네기의 나라, 스코틀랜드

유럽 대륙의 서쪽에 있는 '그레이트브리튼'이라는 섬은
'잉글랜드', '스코틀랜드', '웨일스' 이렇게 세 개의
나라로 이루어져 있어요. 또 이 섬의 서쪽 바다 너머엔
'북아일랜드'라는 나라가 있지요. 이 네 나라는 연합
왕국을 이루고 있는데, 이 연합 왕국이 바로 우리가 알고
있는 영국입니다. 영국의 정식 명칭은 '그레이트브리튼과
북아일랜드의 연합 왕국(United Kingdom of Great Britain
and Northern Ireland)'이고, 줄여서 'UK'라고도 합니다.
카네기가 태어난 나라 스코틀랜드는 그레이트브리튼섬의
북쪽에 있어요. 스코틀랜드는 1707년, 잉글랜드와 연합을
이루었는데 의회에서 독립적으로 법을 만드는 등의 중요한
권리는 가지고 있습니다.

영국에서 가장 큰 힘을 가진 나라는 잉글랜드예요. 잉글랜드의
왕은 곧 영국의 왕이며, 전쟁, 마약 단속 등 연합 왕국의
문제에 대한 결정권은 잉글랜드 의회가 갖고 있답니다.

영국의 지형도. 오른쪽의 큰 섬이
그레이트브리튼섬이고, 왼쪽의 작은 섬이
아일랜드섬입니다.

who? 지식사전

잉글랜드의 국장

잉글랜드는 이런 나라!

- 위치: 유럽 대륙 서북쪽, 그레이트브리튼섬 남부
- 수도: 런던
- 면적: 13만 362㎢(그레이트브리튼섬의 약 57%)
- 기후: 대체로 따뜻하고 강수량은 적은 편입니다.
- 인구: 약 5천 3백만 명. 영국 인구의 80%가 잉글랜드에 거주합니다.
- 공용어: 영어
- 문화: 잉글랜드는 축구가 만들어진 곳이에요. 특히 잉글랜드의 축구 리그인
  '프리미어 리그'는 세계 최고의 선수들이 활동하는 무대로 알려져 있지요.
  수도 런던은 출판과 현대극 등을 이끌어 가는 문화의 중심지이며, 런던
  교향악단과 대영 박물관 등은 세계적인 규모를 자랑합니다.

영국 지도상의 스코틀랜드(빨간색 부분)
© UKPhoenix79

하나 ▷ 스코틀랜드의 역사

스코틀랜드 지역에는 세 종족이 살았습니다. 언제부터
살았는지 기원을 알 수 없는 '픽트족', 아일랜드에서 이주한
'스코트족', 남부 지방의 앵글로·색슨족에게 밀려나 이주한
'브리튼족'입니다. 이 세 종족이 통합하여 스코틀랜드 왕국을
세웠답니다.

한편 남부 지방의 잉글랜드도 7개 왕국이 통합하여
하나의 왕국으로 성장했습니다. 그리고 11세기 무렵부터
스코틀랜드와 잉글랜드는 계속 충돌하게 되었지요.
그러던 중 1503년, 스코틀랜드의 왕 제임스 4세와
잉글랜드의 왕 헨리 7세의 딸 마거릿이 결혼하며 두
나라 왕실은 친척이 됩니다. 또 1603년, 잉글랜드의
여왕 엘리자베스 1세가 스코틀랜드의 왕 제임스 6세를
후계자로 임명하면서 두 나라의 왕실은 통합이 되지요.
이후 두 나라가 한 명의 왕을 모시는 특이한 관계가
지속되다가 1707년, 스코틀랜드는 잉글랜드와 연합
왕국을 이루었습니다. 그 결과 스코틀랜드의 경제는
발전했지만, 영국 안에서 힘은 약해졌어요.

영국(UK)의 국기, 유니언 잭

웨일스는 이런 나라!

웨일스의 국기

- 위치: 유럽 대륙 서북쪽, 그레이트브리튼섬 남서부
- 수도: 카디프
- 면적: 2만 732㎢
- 기후: 대서양의 영향을 받는 해양성 기후로 날씨 변화가 잦습니다.
- 인구: 약 3백만 명
- 공용어: 영어가 공용어이지만, 웨일스어도 씁니다.
- 문화: 《반지의 제왕》, 《해리포터》 등 판타지 문학에 영향을 준 북유럽 신화와
  전설이 많이 남아 있으며, 고유 문화를 보존하기 위해 웨일스어 교육을
  따로 시키고 있을 정도로 문화에 대한 자긍심이 강합니다.

둘 ◁ 스코틀랜드의 국기

스코틀랜드의 국기는 '성 안드레아의
십자'라고도 불려요. 파란색 바탕에
X자 모양의 하얀색 십자가 그려져
있지요. 스코틀랜드가 잉글랜드와
전투를 벌이고 있을 때, 하늘에 X자 모양의 십자가에 못 박혀
죽은 성인 안드레아가 나타나 승리한 전설에서 유래되었다고
합니다.

셋 ◁ 스코틀랜드의 전통문화

스코틀랜드의 남자 전통복, 킬트

스코틀랜드는 스카치위스키, 남자들이 입는 체크무늬
치마 킬트, 그리고 악기 백파이프로 유명해요. 이중에서도
킬트에는 특별한 사연이 숨어 있어요. 킬트는 1707년에
스코틀랜드가 잉글랜드와 통합된 후, 한 잉글랜드 사업가가
스코틀랜드의 가난한 노동자를 위해 만든 작업복이었는데,
스코틀랜드인들이 킬트를 입고 다니며 서로 뭉치기 시작했던
거예요. 그러자 잉글랜드가 주도하는 연합 왕국은 스코틀랜드
문화 억제 정책의 하나로 킬트를 입지 못하게 했답니다.

who? 지식사전

북아일랜드는 이런 나라!

- 위치: 유럽 대륙 서북쪽, 아일랜드섬의 북동부
- 수도: 벨파스트
- 면적: 14,120㎢
- 기후: 겨울에도 4℃ 이하로는 내려가지 않지만, 대체로 흐리고 비가 자주 옵니다.
- 인구: 약 184만 명
- 공용어: 영어가 공용어이지만, 북부 지방에서 쓰는 얼스터 스코트어와 아일랜드어도 씁니다.
- 문화: 국민의 75%를 차지하는 개신교 신자들과 아일랜드섬의 원주민인 가톨릭교 신자들 사이에 마찰이 잦았습니다.
  지금은 의견 조율을 통해 종교 갈등을 없애려고 노력하고 있습니다.

넷 〈 스코틀랜드의 도시

스코틀랜드를 대표하는 두 도시는 에든버러와
글래스고입니다.
먼저 스코틀랜드의 수도 에든버러는 스코틀랜드의 문화
중심지로서 해마다 여러 가지 축제가 열리고 있어요.
오랫동안 생활의 중심지였던 구 시가지와 구 시가지의
인구를 분산시키기 위해 만든 신시가지로 나뉘어 있지요.
시의 중앙에 동서로 뻗어 있는 프린세스 스트리트는
풍경이 아름답기로 유명해요.
글래스고는 스코틀랜드 상공업의 중심지입니다. 제1차
세계 대전 후에는 옷감, 담배, 기계 공업 등 다양한
분야의 제조업이 꽃피운 곳이에요. 한편 글래스고는
교육의 도시이기도 해요. 글래스고 대학교는 1451년에
문을 연 이후 현재까지도 전통을 이어 오고 있습니다.

스코틀랜드의 수도 에든버러의 풍경 © Alanford

다섯 〈 카네기가 살았던 시절의 스코틀랜드

18세기 중엽부터 19세기까지는 잉글랜드를 중심으로
시작된 산업 혁명의 시기입니다. 산업 혁명은 대형 공장을
탄생시켰으며, 기술자들이 집에서 소규모로 물건을
생산하는 가내 수공업의 뿌리를 흔들었어요. 이 흐름에
적응하지 못한 많은 사람이 일자리를 잃었지요. 카네기는
이러한 사회적 변화의 시기에 태어났어요.
이 시기 스코틀랜드에서는 산업 혁명의 이론적 기초를
다진 지식인들이 '스코틀랜드 계몽 운동'을 일으킵니다.
이 운동으로 인해 경제학, 기술, 건축, 법학, 의학 등 지식
분야 전체에 걸쳐 발전이 이루어졌으며, 스코틀랜드는
잉글랜드와 함께 영국 전체의 산업과 문화를 주도하게
됩니다.

스코틀랜드에 있는 영국의 공립 대학,
글래스고 대학교

스코틀랜드 출신의 영국 경제학자,
애덤 스미스. 그는 계몽주의자로
고전경제학의 창시자라고 불립니다.

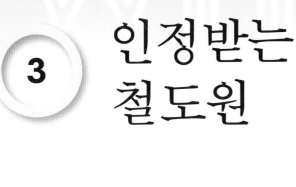

3 인정받는 철도원

어느 날 전신국으로 토머스 스콧이라는 사람이 찾아왔습니다.
그는 펜실베이니아 철도 회사의 피츠버그 지점 책임자였습니다.

저 친구 주위에는 왜 저렇게 사람이 많지?

그래?

아, 앤드루요? 소리만 듣고 전보 내용을 쓰는 녀석이거든요. 사람들이 구경하려고 모여든 거예요.

우리 전신국의 명물 이라니까요.

이대로 기차가 멈춰 있으면 화물을 제시간에 보낼 수 없어. 그럼 회사에 손해가 생길 텐데......

한시가 급한데, 정말 난처하게 됐군.

손해인 걸 알면서 마냥 기다릴 수는 없죠. 제가 전신으로 명령을 내려서 기차를 움직이겠어요.

뭐라고? 앤드루, 그런 걸 혼자 결정하면 안 돼. 윗사람의 지시도 없잖아!

그보다 우리 회사의 신용을 지키는 것이 더 중요해요. 어쩔 수 없다고요!

하지만 일이 잘못되면 자넨 해고라고.

해고?

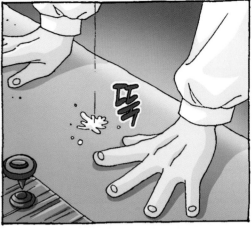

뚝

탁

그래도 지금은
방법이 없어요.

탁 탁 탁

화물 1호차 움직이고,
2호차는 대기, 3호차는
다음 역에서 정지하시오.

탁 탁

죄송합니다. 제가 마음대로 일을 처리한 것에 대해 꾸짖으셔도 할 말이 없습니다.

앤드루.

네?

자네 정말 훌륭하게 일을 처리했군! 자네가 아니었다면 화물은 늦게 운반되었을 테고, 그러면 회사의 손실도 막심했을 거야.

그, 그럼 용서해 주시는 겁니까?

용서라고? 난 지금 자네한테 더 많은 일을 맡겨도 좋겠다는 생각을 하고 있단 말이지!

앤드루는 기관사와 이야기하는 재미에 빠져
기차 밖으로 봉투가 날아가는지도 몰랐던
것입니다. 기차는 천천히 후진했고 앤드루는
강둑에 놓여 있는 봉투를 발견할 수 있었습니다.

앗, 저기 있다!

정말
다행이야.

사람은 누구나 실수할 수 있네.

전 실수하지 않습니다.

순간 앤드루는 자신의 잘못을 깨달았습니다. 그리고 그는 직원들을 대하는 자신의 태도를 바꾸었습니다.

이제야 알겠어. 내가 직원들에게 얼마나 가혹했는지.

몇 년 후, 스콧은 펜실베이니아 철도 회사의 부사장이 되어 본사로 들어가게 되었습니다. 그리고 앤드루는 스콧의 뒤를 이어 피츠버그 지점의 책임자가 되었습니다.

더 이상 예전의 앤드루가 아니야.

그러게. 실수를 해도 웃으면서 괜찮다고 하더라.

네?

괜찮아요. ~고해요~

앤드루의 달라진 태도는 직원들의 마음을
열게 했습니다. 지점장의 나이가 어리다고
무시하던 사람도, 너무 엄하다고 싫어하던
사람도 이제 그를 좋아하게 되었고,
덩달아 피츠버그 지점의 수익도 높아졌습니다.

이때 앤드루의 나이는 불과 스물넷이었습니다.
어떤 일이든 자신감을 가지고 임했던 한 청년이
책임자의 자리에 오르고, 상대를 이해하는
마음으로 그 자리를 성공적으로 지킨 것입니다.

지점장 앤드루 카네기

산업 혁명

하나 **산업 혁명 이전과 이후의 생활**

산업 혁명이 일어나기 전 대부분의 산업은 집에서 직접 손으로
제품을 만드는 가내 수공업에 의존하고 있었어요. 신발은
구두장이가 혼자 가죽을 구해 와 다듬고 꿰매어 만들었고,
농기구는 대장장이가 혼자 쇠를 녹이고 담금질하고 망치질을
해서 만들었지요. 이런 방식으로는 많은 양의 제품을
한꺼번에 만들 수가 없고, 가격은 비싸질 수밖에 없습니다.
산업 혁명이 일어나자 곳곳에 큰 공장들이 세워졌어요.
공장에서는 신식 기계를 이용해 제품을 빠르게, 많이
만들어 냈어요. 그러자 가내 수공업을 하던 사람들은
일거리를 잃고 말았습니다. 대신 사람들은 공장에서
일하며 월급을 받고 생활하는 노동자가 되었지요. 그러나
시간이 흐를수록 자본가와 노동자의 갈등이 깊어지게
되었어요. 자본가들이 더 많은 이익을 남기기 위해 노동자의
임금을 줄였기 때문입니다.

프랑스의 화가 루테르부르가 1801년에 그린
〈콜브룩데일의 밤 풍경〉. 당시 밤에도 쉬지 않고
도는 영국 콜브룩데일의 제련소를 그린 것입니다.

who? 지식사전

실학과 조선의 공업

조선의 실학자 정약용의 저서 《목민심서》
© Seonjong Park

유럽에서 산업 혁명의 물결이 일기 시작한 때는 18세기 중엽, 우리나라는 조선
후기에 해당해요. 이때 조선에는 실학의 바람이 불고 있었어요. 실학은 이론 중심의
유학에서 벗어나 실생활에 유익한 학문을 하자는 새로운 학풍으로 17세기 후반부터
19세기 전반까지 융성했어요. 박지원, 정약용, 이제마 등이 대표적인 실학자인데,
이들은 농업은 물론 상업과 공업을 중요시 여기고, 백성이 잘살 수 있게 하는
방법을 연구했어요. 실학의 영향으로 조선의 공업은 한 걸음 나아갈 수 있었지만,
여전히 수공업의 테두리를 벗어나지는 못했습니다. 조선에서는 1880년대에
이르러서야 기계 공업이 일어나기 시작했지요.

산업 혁명의 시작

산업 혁명은 18세기 중엽, 영국에서 시작되었습니다.
영국은 유럽의 다른 나라들에 비해 정치적으로 안정된
사회였고, 그 중심에는 혁명을 통해 자유를 얻은 농민 계층이
있었습니다. 이들은 농촌에서 직물 공업을 일으켜 근대적인
산업이 발전할 수 있는 바탕을 마련했지요.
또한 영국은 풍부한 지하자원과 노동력을 보유하고 있었고,
여러 식민지를 다스림으로써 자본도 많이 확보하고
있었습니다. 여기에 16세기부터 발달하기 시작한 공장제
수공업이 더해져 산업 혁명이라는 커다란 사회 변화가
일어나게 된 것입니다. 공장제 수공업이란 수공업자들이
한곳에 모여 각자 잘 만드는 것만 생산하여 하나의 제품을
완성하는 제조 방식이에요. 이런 공장제 수공업에 익숙한
영국의 노동자들은 산업화의 바람을 타고 일어난 공장제 기계
공업에 쉽게 적응할 수 있었어요. 이러한 사회 분위기 속에서
영국은 경쟁 국가들을 압도하려는 욕심을 품게 되었어요.
기술자들은 더 풍요로운 세상을 꿈꾸며 기술 개발에 박차를
가했고, 그것은 산업 혁명으로 이어졌습니다.

1840년 영국 맨체스터의 풍경을 그린 그림.
당시 맨체스터는 '방적의 도시'라 불렸습니다.

1775년 당시의 북아메리카 지도. 지도상에서
분홍색과 빨간색 부분이 영국의 식민지입니다.
지금의 뉴햄프셔, 메사추세츠, 뉴욕 지역 등인데,
이 지역들은 1776년 미국이 독립하면서
식민지에서 벗어났습니다. ⓒ erjkprunczyk

아널드 토인비

아널드 토인비(1889~1975년)는 영국의 경제학자이자 사회 개혁가입니다.
산업 혁명이라는 용어는 그의 저서 《18세기 영국 산업 혁명 강의》에서 처음
사용되었지요. 토인비의 주장처럼 산업 혁명은 하나의 격렬한 사건이 아니라
그 이전부터 축적되어 온 연속적인 과정입니다.
토인비는 실천적인 사회 개혁가이기도 했어요. 노동자를 위한 주택과 도서관을
세우려고 노력했고, 가난한 노동자들을 돕기 위해 그들의 거주지인 화이트채플에서
활동했답니다.

아널드 토인비가 경제학을 공부했던
옥스퍼드 대학교 ⓒ Wallace Wong

셋 산업 혁명을 이끈 세 가지 원동력

증기 기관

증기 기관이란 수증기에서 발생하는 열에너지를 이용해
에너지를 얻는 장치를 말해요. 열에 의해 발생한
증기는 바깥으로 퍼져 나가려는 성질이 있어서 이것을
가두어 두면 압력이 생깁니다. 이 압력을 이용해
원기둥 모양의 장치를 왕복 운동시키면 에너지를 얻을
수 있어요. 근대적인 증기 기관은 1705년 토머스
뉴커먼이 발명했고, 이를 1769년 제임스 와트가
개량했습니다.

제임스 와트의 증기 기관 © Nicolas Perez

방적기

산업 혁명의 시작은 직물(천)에서 비롯되었어요.
직물을 얻으려면 먼저 실을 자아내야 하는데,
이 일을 '방적'이라 합니다. 즉 실을 뽑아 내는
기계를 방적기라고 해요. 직조공이 일일이 손으로
자아냈던 방적을 기계가 대신하면서 생산량은 비교할 수
없을 정도로 늘었습니다. 따라서 방적기의 등장은 대량
생산의 가능성을 여는 산업 혁명의 신호탄과도 같은
의미입니다.

제철

제임스 와트의 증기 기관은 에너지를 얻기 위해 주로
석탄과 같은 광물을 사용했어요. 덕분에 영국의
석탄 산업은 빠르게 성장했지요. 석탄이 대량으로
생산되자, 철광석에 열을 가해 철을 만드는 제철 산업도
나란히 발전했어요. 철이 많아지니, 기계도 늘릴 수
있었습니다. 기계가 늘어나자 그에 발맞춰 도시에
공장이 많이 세워졌고, 공장의 증가는 곧 일자리의
증가를 가져왔습니다.

산업의 핵심 원료인 철은 철광석을 녹여 만듭니다.

넷 　산업 혁명의 영향

교통의 발달

산업 혁명으로 제품이 엄청나게 쏟아져 나오자, 물건들을 한꺼번에 실어 나를 교통수단이 필요해졌어요. 그래서 증기 기관차, 증기선 등 많은 물건을 한꺼번에 나를 수 있는 교통수단이 개발되었지요. 특히 증기 기관차의 활약은 눈부셨습니다. 증기 기관차는 빠른 시간 안에 많은 제품을 여러 곳에 보낼 수 있었어요.

프랑스의 화가 귀스타브 도레의 1870년 작품 〈철도에서 내려다본 런던〉. 당시 노동자들의 힘겨운 삶과 환경 오염 문제를 동시에 보여 줍니다.

사회 계층의 변화

산업 혁명으로 경제가 발전하자 거대한 부를 쌓게 된 자본가들이 새로운 세력으로 나타났어요. 이들을 '부르주아지'라고 합니다. 본래 부르주아지는 '성 안에 사는 사람'을 뜻하는 말이에요. 정확히는 성 안에 사는 귀족과 지배 계층을 가리키는 말이었지요. 그러나 산업 혁명 이후 나타난 부르주아지는 거대한 부를 바탕으로 산업 혁명을 이끈 자본가 계층을 말해요.

이들의 등장으로 귀족 중심의 사회는 급격히 자본가 중심의 사회로 바뀌었어요. 자본가들은 자신들 중심으로 선거법을 개정할 만큼 힘 있는 세력으로 떠올랐지요. 한편 자본가들이 재산을 불릴 때 노동자들은 적은 임금과 오랜 노동으로 고통받고 있었어요. 때문에 자본가와 노동자 사이에 충돌을 빚는 일이 잦았어요.

증기 기관으로 동력을 얻는 증기 기관차

환경 오염

공장에서 나오는 폐수와 매연은 지구를 더럽혔으며, 공장을 짓기 위해 파헤친 땅은 생태계를 파괴했어요. 환경 오염은 산업화된 사회가 풀어야 할 영원한 숙제입니다.

환경 문제는 급격한 산업화의 부작용입니다.

4 남북 전쟁을 겪으며

1861년 4월, 미국에서는 *노예 해방에 대한 의견 충돌로 인해 남북 전쟁이 일어났습니다.

쾅

쾅

카네기 사장님, 워싱턴에서 전보가 왔어요.

워싱턴?

아, 스콧 씨가 보내신 거네.

*노예 해방: 노예 제도를 없애고 노예에게 자유인으로서의 권리와 능력을 주는 일

철도를 잇는 공사는 낮과 밤을
가리지 않고 계속되었습니다.

부상병을 실어 나르려면
기차를 많이 보내야 합니다.
빨리 각 역에 전신을 보내서
기차를 움직이도록 합시다.

앤드루는 기차를 타고 다니며
직접 부상병들을 실어 나르기도 했습니다.

여기 사람이
있어요!

만약 기차가 없었다면 저 많은 부상병과 물품들은 어떻게 운반했을까?

그래!

앤드루는 느낄 수 있었습니다. 전국 방방곡곡을 다니며 수많은 사람과 물건을 실어 나르는 기차가 앞으로 세상을 지배할 것이라는 사실을 말입니다.

기차는 곧 전쟁터가 아닌 모든 곳에서 필요하게 될 거야.

보잘것없는 사람은 없습니다. 모든 사람은 동등하죠. 저와 카네기 씨도 마찬가지고요. 각자 맡은 자리에서 최선을 다할 때 우리는 전쟁에서 승리할 수 있을 것입니다.

앤드루는 링컨 대통령의 말에 큰 감명을 받았습니다.

대통령께서 나 같은 사람과 동등하다고 말씀 하시다니……

북군은 보다 빨리 많은 군인을 실어 나르기 위해 철도를 확장시켰습니다. 결과적으로 남북 전쟁을 통하여 철도는 획기적으로 발전하게 되었습니다.

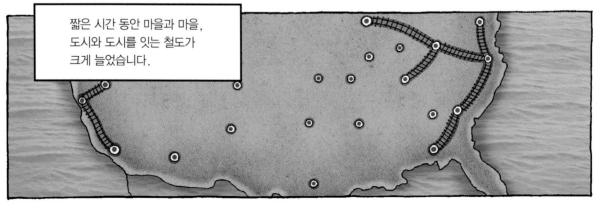

짧은 시간 동안 마을과 마을, 도시와 도시를 잇는 철도가 크게 늘었습니다.

세상을 바꾼 철강 산업

하나 철강 산업의 어제와 오늘

카네기가 철강 사업을 벌이던 시절, 철은 대부분 선철이었어요. 무쇠라고도 부르는 선철은 쉽게 녹아서 일정한 기간마다 교체해야 하는 단점이 있습니다. 이러한 선철의 단점에도 불구하고 철강업자들은 강철을 잘 사용하지 않았어요. 제련 과정이 복잡해서 생산 비용이 굉장히 비쌌거든요. 그래서 초기에는 철강 산업이 성장하지 못했어요.

강철

1855년, 영국의 헨리 베서머가 생산 비용을 획기적으로 줄인 강철 제강법을 개발했어요. 그의 제강법은 3~5톤의 강철을 생산해 내는 시간을 1일에서 10분으로 줄이는 혁명과도 같은 성과를 이루었지요.

미국과 독일 등에서는 베서머의 제강법을 이용하여 강철을 대량 생산했고, 이렇게 생산된 많은 양의 강철은 선박과 철도, 자동차 등 거의 모든 산업의 재료로 사용되며 사회를 크게 발전시켰습니다. 무엇보다도 강철은 5층 이상의 건물을 짓는 일을 가능하게 하며 거리의 모습 자체를 바꾸기 시작했어요.

철강 산업

철도, 건물, 자동차, 비행기, 군사 무기 등 철강이 필요한 곳은 무척 많습니다. 따라서 철을 생산하는 제철소를 가진 나라는 앞다퉈 좋은 품질의 철을 만들어 세계에 수출하고 있지요. 하지만 제철은 수준 높은 기술이 필요하고 비용도 만만치 않기 때문에 제철소를 갖고 있는 나라는 많지 않아요. 철강 산업은 다양한 분야의 산업과 밀접한 관련이 있어

헨리 베서머가 고안한 제강 장치는 강철의 대량 생산을 가능케 하였습니다.
© Wikityke

1931년에 지은 미국의 엠파이어 스테이트 빌딩. 102층 높이의 이 건물은 엄청난 양의 철이 없었다면 사실상 불가능한 일이었습니다.

앞으로의 전망이 밝습니다. 이것은 우리가 더욱 철강 산업을
발전시켜야 할 이유이기도 합니다.

스코틀랜드 던펌린에 있는 카네기 동상 ⓒ Kilnburn

둘 〉 카네기, 강철의 시대를 열다

카네기는 베서머의 제강법을 재빨리 들여와 강철을 대량
생산했습니다. 카네기의 강철은 날개 돋친 듯 팔려 나갔고,
철강 산업은 하루가 다르게 성장했지요. 그러자 다른 회사들도
강철에 눈독을 들였지만, 이미 카네기가 강철 시장을 거의
독점하다시피 하고 있었기 때문에 소용이 없었습니다.
강철이 시장을 주름잡자 선철은 자연스레 가격이
낮아졌습니다. 그러자 약하다는 선철의 단점에도 불구하고
이의 판매량도 늘어났지요. 이렇게 강철과 선철이 모두 잘
팔리며 철강 산업이 크게 발전했고, 미국은 그 발전에 힘입어
당시 세계 제일의 강대국이었던 영국을 제치고 초강대국으로
올라섰습니다. 카네기가 강철의 시대를 열었기에 가능한
일이었어요. 이후 세계의 철강 산업은 카네기를 모델로
삼았고, 이 때문에 카네기는 '철강왕'이라는 별명을 얻게
되었습니다.

1878년의 카네기. 그의 강철이 세계를
주름잡던 시기였습니다.

who? 지식사전

남동 임해 공업 지역

남동 임해 공업 지역은 우리나라의 경북 포항에서 부산, 울산, 마산을 거쳐
전남 여수에 이르는 거대한 공업 지대예요. 이 공업 지대에 속한 도시들은
원자재의 수입과 수출에 유리한 항구 도시입니다. 정부는 1960년대 초부터
정책적으로 이 지역들을 공업 단지로 개발해서 수출을 늘리기 위해 노력했어요.
각 지역마다 대표하는 공업 분야가 있는데, 포항 지구는 제철, 울산 지구는 석유
화학 · 비료 · 조선 · 자동차, 마산 지구는 섬유 · 양조 등을 중심으로 발달했습니다.

항구에 자리한 공업 시설
ⓒ Johannes Barre

광양 제철소 내부. 포항 제철(지금의 포스코)이
포항 제철소에 이어 두 번째로 설립한 제철소입니다.
© 김소민

셋 우리나라의 철강 산업

세계가 비웃었던 우리나라의 꿈

일제 강점기와 6.25 전쟁을 겪으면서 우리나라는 가난에
허덕이게 됩니다. 굶어 죽는 사람들이 생겨날 정도로 생활은
비참했어요. 이 가난에서 벗어나기 위해 정부는 중화학
공업을 일으킬 계획을 세웁니다. 그 계획 중 하나가 제철소
건설이었어요. 철은 쓰임새가 많으므로 철을 생산해서
수출을 하면 외화를 벌어들일 수 있다고 생각했지요.
그러나 제철소를 건설하려면 큰돈이 필요했어요. 당장 먹을
것도 부족한 작은 나라가 제철소를 건설하겠다는 계획을
발표하자 세계는 믿지 않았습니다. 또한 제철소를 지으려면
기술도 필요한데, 우리나라는 큰 공장을 구경조차 못해 본
사람이 대다수일 만큼 기술 후진국이었어요.
그렇기 때문에 선진국들은 우리나라가 제철소를 짓지 못할
것이고, 설령 운 좋게 짓는다 하더라도 제대로 운영할 수
없을 거라고 생각했습니다. 그러나 우리나라는 1968년
포항에 제철소를 건설했어요. 그리고 세계의 비웃음을 곧
감탄과 놀람으로 변하게 했지요.

who? 지식사전

대표적인 중화학 공업인 자동차 공업
© Taneli Rajala

중화학 공업의 발달

중화학 공업은 중공업(제철업, 조선업 등 비교적 무게가 무거운 제품을 만드는 공업)과
화학 공업(화학적 원리를 이용하여 새로운 물질을 만들어 내는 공업)을 아울러
일컫는 말이에요. 우리나라는 중화학 공업의 비중이 낮았으나, 1960년대부터
정책적으로 철강 산업을 비롯해 석유 화학 · 전자 · 자동차 · 조선 · 전력 산업 등의
발전을 꾀하면서 그 비중이 높아졌어요. 중화학 공업이 국가의 경제 성장에 큰
도움이 될 거라고 판단한 정부는 선진국으로부터 생산 시설과 기술을 들여오고,
막대한 금융을 지원하는 등 중화학 공업을 본격적으로 육성하였습니다. 그렇게
중화학 공업이 발전하면서 우리나라의 경제도 성장의 길을 걷게 되었지요.

한강의 기적

포항 제철이 생기자 우리나라의 산업에는 많은
변화가 일어났습니다. 철을 쉽게 구할 수 있게 되니,
자동차 · 조선 · 건설 산업 등이 발달하기 시작한 것이지요.
일자리도 늘어나 국민의 가정 경제도 살아났습니다.
소득이 높아진 개인의 소비는 조금씩 늘었고, 수요량에
맞춘 공급을 위한 공장이 들어섰습니다.
공장이 생기니 일자리는 더 많아졌고, 국민은 더 이상
예전처럼 굶을 걱정을 하지 않게 되었습니다. 이러한 변화는
짧은 시간에 일어났습니다. 빠르게 성장한 우리나라를 보고
세계는 '한강의 기적'이라며 놀라워했어요.

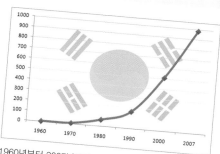

1960년부터 2007년까지의 국내 총생산 그래프.
국내 총생산은 경제 성장의 기준이 되는 수치로,
우리나라는 반세기 만에 국내 총생산 1조 달러를
기록했습니다.

한국의 피츠버그, 포항

미국 철강 산업의 중심지가 피츠버그라면, 한국 철강 산업의
중심지는 포항이에요. 포항에는 포스코(정부에서 운영하던
'포항 제철'이 민간인이 경영하는 기업이 되면서 바뀐 이름)의
제철소가 있고, 곳곳에 제철소에서 만든 선철을 녹여 쓰임새에
맞는 철로 만드는 제강소가 있어요. 포항에서 생산된 철은
세계로 수출된답니다.

서울의 포스코 사옥 © 연합 뉴스

철의 종류

철은 탄소 함유량으로 그 종류를 구분합니다. 탄소가 철의 성질을 결정하는 데 가장 큰 영향을 미치기 때문이지요.
- 선철(탄소 함유량 약 2~4.5%): 용광로에서 철을 녹여 처음으로 얻는 철이에요. 철의 5대 원소인 탄소, 규소, 망간, 인,
  황이 많이 들어 있어요. 부스러지기 쉬운 성질이 있어, 대부분 강철을 만드는 원료로 사용합니다.
- 강철(탄소 함유량 약 0.02~2%): 선철을 제강로에 넣어 탄소 등 5대 원소를 감소시키고 제련하여 얻는 철이에요. 가공성이
  좋고 외부 충격에 견디는 힘이 강합니다. 철도, 철골 등 여러 분야에 쓰입니다.
- 순철(탄소 함유량 약 0.02% 이하): 철에 들어 있는 이물질을 뺀 거의 100% 순수한 철이에요. 매우 연하기 때문에
  공업용으로는 잘 사용하지 않으며, 전압의 크기를 조절하는 변압기나 용접 등에 유용하게 사용합니다.

철강왕의 탄생

5

철도 산업은 하루가 다르게 발전했습니다. 이제는 평지뿐만 아니라 산을 통과하고, 강을 건너는 기차도 생겼습니다.

하지만 기차가 다니는 다리는 대부분 나무로 만들어져 안전하지 않았습니다.

앤드루는 튼튼한 철을 이용해 기차가 다니는 다리를 만들면 좋겠다는 생각을 했습니다. 그래서 1863년, 그는 키스톤 브리지라는 회사를 만들었습니다.

물론이죠.
나무로는 불가능하지만
철로 만들면 가능합니다.

철이
안전하겠습니까?

하하하,
나무 다리와는
비교할 수 없을
정도로 튼튼합니다.
저희는 안정성 때문에
철을 재료로
쓰는 것입니다.

철로 만든 다리가
튼튼하다는 것이 알려지자
키스톤 브리지 회사는
날이 갈수록 인기가
높아졌습니다.

앤드루는 남북 전쟁이 끝나자
펜실베이니아 철도국을 그만두고 본격적으로
철을 이용한 자신의 사업을 시작했습니다.

스콧 씨,
전 이제 완전히
독립하려 합니다.
행운을 빌어 주세요.

그러나 철에는 한 가지 커다란 문제가 있었습니다.

이것 참.
또 철이 녹아 내렸군.
서너 달마다 선로를
바꿔야 하다니……

이게 무슨 말이지?
철이 녹는다고?

*제강소: 강철을 만드는 공장

*철광산: 철을 함유하고 있어 제철의 원료로 쓰이는 광석을 캘 수 있는 산

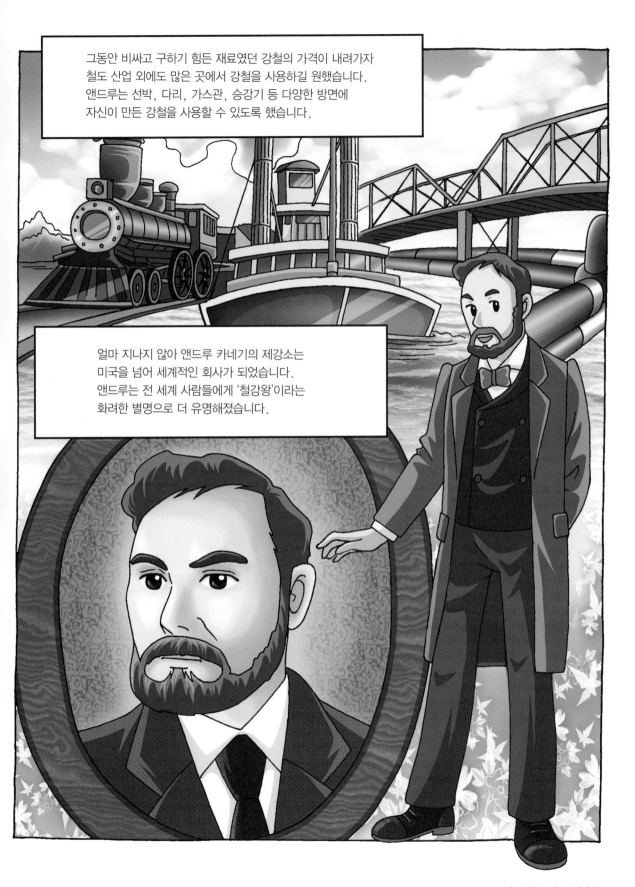

그동안 비싸고 구하기 힘든 재료였던 강철의 가격이 내려가자
철도 산업 외에도 많은 곳에서 강철을 사용하길 원했습니다.
앤드루는 선박, 다리, 가스관, 승강기 등 다양한 방면에
자신이 만든 강철을 사용할 수 있도록 했습니다.

얼마 지나지 않아 앤드루 카네기의 제강소는
미국을 넘어 세계적인 회사가 되었습니다.
앤드루는 전 세계 사람들에게 '철강왕'이라는
화려한 별명으로 더 유명해졌습니다.

나눔을 실천한 세계의 부자들

하나 록펠러

록펠러(1839~1937년)는 미국의 사업가입니다. 그는 20대에 클리블랜드에 정유소(원유를 분리하여 휘발유, 경유 등을 만드는 시설을 갖춘 곳)를 세웠는데, 이것이 번창하면서 주위의 정유소들을 통합하기 시작했어요. 이후 록펠러는 석유 회사를 세우고 점점 더 사업을 확장해 나갑니다. 그리고 사업을 시작한 지 20년 만에 미국 정유 시장의 95퍼센트 이상을 장악하게 되었어요. 그렇게 해외의 유전과 정유소까지 소유하면서 세계 최고의 부자가 되었지요.

그러나 1911년 미국의 법원은 록펠러의 석유 회사가 경제를 독점하려 한다며 해산을 명령했어요. 록펠러는 그 명령을 받아들여 회사를 해체하고, 은퇴를 선언합니다. 그 후 록펠러는 자선 사업으로 눈을 돌렸어요. 그는 자신의 재산을 아낌없이 기부했습니다. 록펠러가 기부한 재산은 요즘 화폐 가치로 따지면 약 120조 원에 이릅니다.

그런데 록펠러는 검소하기까지 했답니다. 엄청난 양의 재산을 가졌으면서도 그는 동전 하나 헛되이 쓰지 않았고, 휴지

석유왕으로 불리는 미국의 사업가 록펠러

who? 지식사전

록펠러가 설립한 오하이오 스탠다드 석유 회사가 1896년에 발행한 증권. 이 회사도 셔먼 독점 금지법에 의해 해체되었습니다.

셔먼 독점 금지법

세계 최고의 부자 록펠러의 활동을 제한한 것은 '셔먼 독점 금지법'입니다. 미국은 한 기업이 시장을 독점하는 행위와 기업들의 불법적인 결합을 막기 위해 이 법을 제정했지요.

독점이란 어떤 품목을 개인이나 하나의 회사가 단독으로 생산하여 시장을 지배하고 이익을 독차지하는 행위나 그런 현상을 뜻하는 경제 용어입니다. 셔먼 독점 금지법에 의해 석유 · 담배 등을 독점했던 기업들이 해체되었답니다.

한 조각까지 어디서 얼마에 구입했는지 꼼꼼히 가계부를 썼다고 해요.

록펠러 센터

록펠러 센터는 미국 뉴욕의 중심가인 맨해튼의 복합 빌딩 지역을 말해요. 이곳엔 20여 채의 고층 빌딩이 늘어서 있습니다. 록펠러는 경제 불황 때문에 오페라 극장을 지으려 했던 계획을 취소하고, 이와 같은 상업 도시를 만들었다고 해요. 록펠러 센터는 벽화, 모자이크, 조각 등과 어우러져 가치 있는 건축물로도 유명합니다.

미국 맨해튼의 복합 빌딩 지역인 록펠러 센터
ⓒ David Shankbone

록펠러 재단

록펠러 재단은 미국의 자선 단체입니다. 카네기 재단, 포드 재단과 함께 최대 규모의 재단으로 손꼽히지요. 1913년 뉴욕 주에서 시작되어 지금까지 기아, 환경, 교육, 문화 등 여러 방면에서 많은 자선 사업을 벌이고 있어요.

시카고 대학교

록펠러가 세운 대학교입니다. 록펠러는 시카고 대학교에 꾸준히 발전 기금을 기부했어요. 그런 노력 덕분에 시카고 대학교에서는 지금까지 89명 넘게 노벨상 수상자가 나왔답니다.

록펠러가 1890년에 세운 시카고 대학교

노벨이 만든 노벨상!

노벨상의 창설자, 알프레드 노벨

노벨상도 한 기업가의 기부로 만들어진 상입니다. 스웨덴의 발명가이자 화학자 알프레드 노벨(1833~1896년)의 이름을 딴 상이지요. 노벨은 액체 폭발물을 만드는 아버지의 일을 돕는 평범한 청년이었어요. 그런데 액체 폭발물은 옮기는 과정에서 폭발 사고가 자주 일어났고, 노벨의 동생도 폭발 사고의 희생자가 되었지요. 노벨은 고심 끝에 1867년 고체 폭발물인 다이너마이트를 발명합니다. 다이너마이트는 운하 건설과 터널 공사 등에 이용되며 노벨을 엄청난 부자로 만들어 주었고, 노벨은 이렇게 모은 막대한 재산을 모두 기부했습니다. 과학의 발전과 세계의 평화를 바라는 마음에서였지요.

둘 워런 버핏

워런 버핏(1930년~)은 주식 투자로
세계 최고의 부자가 된 사람입니다.
열한 살 때 처음 주식 투자를
시작했어요. 그는 열정과 노력으로
남들보다 대학도 빨리 졸업했는데,
그 후로도 경제에 대해 충분히 공부한

미국의 오바마 전 대통령(오른쪽)과
워런 버핏 ⓒ Pete Souza

뒤에 본격적으로 주식 투자를 시작했어요. 워런 버핏은 주식
투자에서 작은 손실을 입은 적은 있지만, 큰 실패를 하지는
않았어요. 냉철한 판단력과 남들보다 한 발 앞선 안목이
있었기 때문이지요. 그러나 그보다 더욱 눈여겨볼 점은
올바른 마음가짐입니다. 그는 과한 욕심을 부리지 않으며,
당장 이익이 없더라도 기업의 책임을 바르게 실천하고 있는
기업에 투자하는 참된 투자가의 마음을 지니고 있습니다.
워런 버핏은 빌 게이츠와 교류한 뒤 그의 영향을 받아
자선 사업에 뛰어들었습니다. 그는 자신이 가진 재산의
대부분을 기부하겠다고 약속함으로써 세계적인 자선가로도
이름을 알리게 되었어요.

세계 최고의 투자가, 워런 버핏 ⓒ Mark Hirschey

who? 지식사전

독일 프랑크푸르트의 증권 거래소. 증권
거래소는 주식을 사고파는 곳입니다.

주식 투자

주식 투자는 누구나 할 수 있어요. 단, 미성년자는 반드시 부모님의 동의가
필요합니다. 주식 투자는 가정에서 소득을 얻는 방법 중 하나이기도 해요. 따라서
가정 경제에 큰 영향을 미칠 수도 있지요. 그럼, 주식이란 과연 무엇일까요?
주식은 주식회사의 자본을 이루는 단위예요. 주식회사는 주식을 발행해서
판매합니다. 회사를 운영할 자금을 만들기 위해서이지요. 사람들은 자신이 가치
있다고 생각하는 기업의 주식을 사서 회사의 운영을 돕습니다. 이때 주식을 산
사람을 '주주'라고 하는데, 주주는 자신이 산 주식만큼 그 회사의 재산에 대해
권리를 갖습니다. 회사의 경영에도 참여할 수 있지요. 회사가 운영을 잘해서 높은
수익을 올리면, 주주도 함께 이익을 얻을 수 있어요.

셋 　빌 게이츠

마이크로소프트사를 세운 빌 게이츠(1955년~)는 컴퓨터의
운영 체제인 MS-DOS와 윈도즈를 발명한 사람이에요. 특히
윈도즈는 전 세계에서 가장 많이 쓰이는 운영 체제예요.
이 프로그램은 빌 게이츠를 세계적인 부자로 만들어
주었습니다.
막대한 부를 쌓은 빌 게이츠는 어느 날 아내 멀린다와
함께 아프리카 여행을 떠났어요. 그는 이 여행에서 수많은
사람들이 굶어 죽는 모습을 보고 큰 충격을 받았습니다.
그래서 여행에서 돌아온 뒤 아내와 함께 '빌&멀린다
게이츠 재단'이란 자선 단체를 세워 어려운 이웃을 돕기
시작했어요. 빌 게이츠는 전 재산의 95퍼센트를 자선
사업에 쓰겠다고 공언했습니다.
2008년에 마이크로소프트사의 회장 자리에서
공식적으로 물러난 빌 게이츠는 현재 본인의 자선
단체에서만 일하고 있습니다. 아내와 함께 열심히
일하며 자신의 약속을 지키고 있는 중이지요.

미국의 기업가 빌 게이츠 ⓒ orcmid

BILL&MELINDA
GATES foundation

빌&멀린다 게이츠 재단의 로고

빌&멀린다 게이츠 재단

2000년에 설립된 이 재단은 미국 시애틀에 본부를 두고 있습니다. 빌 게이츠와
그의 아내 멀린다 게이츠가 운영하고 있지요. 또 워런 버핏도 이사로 활동하고
있는데, 이 세 사람이 재단의 주요 의사 결정자예요.
빌&멀린다 게이츠 재단에서 주로 하는 일은 아프리카와 같은 오지의 의료 지원,
미국 내 저소득층 교육 지원, 정보 기술 확대 사업 등입니다.
빌&멀린다 게이츠 재단은 전 세계 자선 단체 중에서 가장 모범적인 단체로
인정받고 있습니다. 워런 버핏이 이 재단에 40조 원을 기부하기로 약속한 후 미국
최대의 자선 단체가 되었고, 재단을 세운 빌 게이츠 부부는 2007년 '미국에서 가장
훌륭한 자선가 50인' 중 2위로 선정되기도 했답니다.

빌 게이츠와 그의 아내 멀린다 게이츠
ⓒ Kjetil Ree

6 카네기, 결심하다

어느새 앤드루는 세계 최고의 부자가 되어 있었습니다. 그의 제강소는 수십 개로 늘어났고, 수천 명이 넘는 직원을 거느리게 되었습니다.

회사의 규모가 커지면서 앤드루는 공장의 시설과 직원들을 돌보는 일보다 경영에 더 많은 시간을 할애하게 되었습니다.

오늘 12시에는 지역 정치인을 만나 점심을 하시고, 2시에는 투자자와 면담이 있습니다. 3시에는 간부 회의가 있으며, 5시에는 거래처와 만남이 있고, 6시에는 시장님과 저녁 약속이……

휴~ 오늘도 쉴 틈이 없구먼.

아, 아니.

그것 봐!
아직도 모르겠어?
부자가 되는 건
카네기뿐이야!
우린 아니라고.

좋아,
나도 동참하겠어!

직원들의 불만은 날이 갈수록 커졌습니다.
그러던 어느 날, 카네기 철강 회사가 가진 공장 중
하나인 홈스테드 제강소에서 *파업이 일어났습니다.
이때 앤드루는 스코틀랜드에서 오랜만에
가족과 단란한 시간을 보내고 있었습니다.

회장님.

미국에서 문제가
발생한 모양입니다.

문제라니?

*파업: 하던 일을 중지함

*임금: 근로자가 노동의 대가로 받는 보수

밤이 되자 프릭은
경호원을 고용하여
공장의 입구를 막았습니다.

들었어?
제강소의 문을
닫아 버렸대.
거기다 총을
가진 경호원도
고용했다더군.

가만히 있다간
우리 모두 직장을
잃고 길거리에
나앉게 될 거야.
이대로 당할
수는 없어!

화가 난 노동자들은 잠긴
문을 열고 공장에 들어가려
했고, 결국 경호원과
충돌을 일으켰습니다.

뭐?
여긴 우리의
일터라고!

가까이 오면
쏘겠다!

미국의 신문들은 홈스테드 제강소의 파업 소식을 전하며 경영자인 앤드루를 비난하고 있었습니다.

카네기의 부는 혼자만의 것인가?

노동자와 경호원 충돌로 수십 명 사상자 발생!

대혼란 속에서도 경영자는 휴가 중

무책임한 카네기, 그는 도대체 어디에 있나?

카네기 씨! 왜 이런 일이 일어난 거죠?

사건이 해결될 때까지 이곳의 문을 닫겠네. 그리고 밖에 마차를 불러 주게.

마차는 왜…….

숨진 직원들의 가족에게 가서 사과를 해야 하지 않겠나?

아, 안됩니다! 노동자들이 회장님을 가만두지 않을 거라고요.

마차를 준비하게! 당장!

카네기는 홈스테드 제강소에서 일하는 노동자들이 모여 살고 있는 마을로 향했습니다.

그렇다면 제가 해결해 드리겠습니다.

사장님, 안 됩니다. 이 일이 알려지면 너도나도 도움을 달라고 찾아올 거예요.

이후 일은 모두 내가 책임지지.

가, 감사합니다. 정말 감사합니다.

여인을 만난 뒤 카네기는 오랫동안 생각에 잠겼습니다.

카네기의 기부 활동

> 하나 **구제 기금으로 노동자들을 돕다**

홈스테드 제강소 파업으로 노동자의 입장을 느낀 카네기는
노동자를 위한 구제 기금을 만드는 것으로 첫 자선 사업을
시작합니다. 그는 1902년 3월, 4백만 달러를 기부해 구제
기금을 만들었고, 여기서 발생하는 이자로 어려움에 처한
노동자들을 도왔어요. 도움을 받은 홈스테드 제강소의
노동자들은 카네기에게 감사 편지를 보냈고, 루이시 용광로
근로자들은 감사패를 전했답니다. 이후 카네기는
'철도 기금'도 만들었어요. 젊은 시절 철도 회사에서 함께
일했던 동료들을 잊을 수 없었기 때문이지요.

뉴욕의 시러큐스 대학교에 있는 카네기 도서관
© Newcai

> 둘 **도서관을 선물하다**

어린 시절 카네기는 전보 배달원으로 일했습니다. 그때
알게 된 앤더슨 대령은 어린 카네기에게 아무 조건 없이

who? 지식사전

카네기 재단

카네기는 이 세상을 떠났지만, 카네기 재단은 카네기의 뜻을 받들어 여전히 자선 사업을 벌이고 있어요. 카네기 재단에는
어떤 분야가 있고, 각각 무슨 일을 하는지 알아볼까요?

- 뉴욕 카네기 재단: 1911년 설립. 교육과 사회 과학 분야 지원
- 워싱턴 카네기 협회: 1902년 설립. 복지와 자연 과학 분야 지원
- 카네기 교육 진흥 재단: 1905년 설립. 교수 연구 지원
- 카네기 국제 평화 기금: 1910년 설정. 국제 평화에 대한 연구
- 카네기 영웅 자금 : 1904년 설정. 인명 구조자 표창

이밖에도 카네기 협회와 카네기 멜론 대학교가 있으며, 교육 사업을 돕는 카네기 영국 재단과 스코틀랜드 대학교 카네기
재단이 있어요.

책을 빌려 주었고, 그 덕에 카네기는 빌린 책을 읽으며 배움에
대한 갈증을 채울 수 있었어요. 이렇게 학교를 제대로 다니지
못했던 카네기는 책에서 많은 것을 터득했고, 그러한 경험을
여러 사람들에게 마련해 주고 싶었습니다. 카네기는 미국
전역은 물론 뉴질랜드와 태평양 남부의 작은 섬 피지 등
전 세계에 2,800여 개에 달하는 도서관을 선물했습니다.

덴마크의 로스킬레 성당에 설치된 바로크 양식의
파이프 오르간 ⓒ Nils Jepsen

셋 ▶ 파이프 오르간을 기부하다

건반 악기인 파이프 오르간은 크기대로 배열한 파이프
속을 흐르는 공기의 압력으로 소리를 냅니다. 파이프의
수와 크기에 따라 파이프 오르간의 크기와 모양도
천차만별이에요. 웅장하고 아름다운 소리를 내며 성당, 교회
등에서 주로 사용합니다. 카네기는 이 파이프 오르간을
미국에만 5,000여 개 기부했고, 전 세계적으로는 모두
8,000여 개를 기부했습니다. 파이프 오르간의 가격은 보통
수억 원에 달하며, 비싼 것은 100억 원을 넘기도 합니다.
카네기가 이렇게 비싼 파이프 오르간을 많이 기부한 까닭은
그가 독실한 그리스도교인이기 때문이에요. 카네기는
사람들이 교회에서 마음의 안식을 얻기를 바라는 마음으로
파이프 오르간을 기부했답니다.

파리의 생 제르맹 록세루아 교회에 설치된
파이프 오르간

who? 지식사전

우리나라에서 파이프 오르간을 볼 수 있는 곳은?

파이프 오르간은 다른 악기가 흉내낼 수 없는 규모와 음색 때문에 '악기의 왕'이라
불립니다. 건반과 페달을 함께 사용하여 연주하며, 건반 옆에 있는 스위치를 움직여
음색을 바꿀 수도 있지요. 이렇게 복잡한 연주 방법 때문에 두 명이 함께 악기를
연주하는 경우도 많아요. 우리나라에는 명동 성당, 정동 제일 교회 등 전국 60여
곳에 파이프 오르간이 설치되어 있어요.

5단 건반의 파이프 오르간

넷   교육을 살리다

카네기는 배움의 기회가 없어 능력을 발휘하지 못하는
사람들을 안타깝게 생각했습니다.
그래서 1905년, '카네기 교육 진흥 재단'을 설립했지요.
이 재단에서는 주로 노동자의 자녀들이 다니는 소규모의 전문
대학을 지원합니다. 은퇴한 교수들에게는 연금을 지급했고요.
또 인종 차별로 인해 정부의 지원에서 외면받던 흑인 대학도
지원했어요. 카네기는 인종과 신분에 관계없이 누구나 공부할
수 있는 여건을 마련하는 데 앞장섰습니다.

카네기홀 외관 ⓒ David Samuel

다섯   문화와 예술을 사랑하다

카네기는 전보 배달원 시절, 극장을 운영하던 포스터라는
사람을 알게 됩니다. 포스터는 전보 배달원들에게 연극과
공연을 공짜로 보여 주는 호의를 베풀었어요. 그 덕분에
카네기는 문화와 예술이 사람들의 마음을 얼마나 풍요롭게
하는지 느끼게 되었지요. 어린 시절의 경험으로 예술과
예술가를 사랑하게 된 카네기는 카네기홀, 카네기 미술관,
카네기 자연사 박물관 등을 건립했습니다.

who? 지식사전

카네기홀의 공연장

카네기홀

1891년에 지어진 연주회장이에요. 미국 뉴욕에 있답니다. 처음에는 뮤직홀이라
불렸는데, 1898년 카네기의 기부금으로 고쳐 지은 뒤부터 '카네기홀'이라는 이름을
얻었어요. 카네기홀의 좌석은 약 3,000석이며, 작은 연주회장도 딸려 있어요.
1962년에 대규모의 연주회장인 링컨 센터가 문을 여는 바람에 한때 없어질 위기에
처하기도 했지만, 이곳을 사랑한 음악가들의 노력으로 살아남을 수 있었어요.
100여 년 동안 수많은 음악가들이 거쳐 간 카네기홀은 음악가라면 누구나 한 번쯤
서고 싶어 하는 꿈의 연주회장입니다.

전쟁을 반대하다

카네기는 미국 남북 전쟁을 겪으며 전쟁이 얼마나 끔찍한 것인지 뼈저리게 느꼈습니다. 자신이 아무리 많은 도서관과 대학을 세우고, 구제 기금으로 가난한 사람을 도와도 전쟁이 나면 모두 물거품이 된다는 것을 잘 알고 있었지요. 전쟁은 모든 것을 파괴하기 때문입니다.

실제로 전쟁은 카네기의 삶도 파괴했습니다. 카네기는 제1차 세계 대전의 충격으로 폐렴을 얻었고, 그로 인해 생을 마감했습니다.

뉴욕에 자리한 카네기의 묘비 ⓒ Anthony22

카네기는 전쟁이 없는 평화로운 세계를 꿈꾸며 1910년에 '카네기 국제 평화 기금'을 만들었습니다. 또 뉴욕 평화 협회 회장이 되어 평화 운동에 힘썼지요. 전쟁의 조짐이 조금만 보여도 카네기는 직접 해당 국가의 지도자들을 만나서 전쟁을 막으려고 애썼어요. 만남이 여의치 않으면 편지를 써서 간절한 뜻을 전했습니다. 1913년, 카네기는 각 나라의 대표들이 자주 모여 회의를 하는 네덜란드 헤이그에 '평화궁'을 세웠고, 이 일은 유엔(국제 연합)에 국제 사법 재판소가 만들어지는 계기가 되었습니다.

워싱턴에 있는 카네기 국제 평화 기금의 본부
ⓒ AgnosticPreachersKid

국제 사법 재판소

국제법에 따라 국가 간의 분쟁을 해결하는 기관이에요. 유엔의 사법 기관으로 1945년에 창설되었어요. 줄여서 ICJ라고 부릅니다.

국제 사법 재판소에서는 유엔 안전 보장 이사회(세계 평화와 안전을 지키고 분쟁을 해결하기 위하여 만들어진 유엔의 주요 기관)에서 선출된 15명의 판사가 사법 결정을 내리는데, 판사들의 국적은 모두 달라야 해요. 국제 사법 재판소의 판결을 따르지 않는 나라에는 안전 보장 이사회에서 적당한 조치를 취합니다. 국제 사법 재판소는 네덜란드 헤이그에 있으며, 최초의 사법 재판은 1946년 4월에 열렸답니다.

국제 사법 재판소의 본부는 네덜란드 헤이그에 있습니다.

7 은퇴 후 더욱 빛나는 별

예순다섯 살이 된 앤드루는 자신이 운영하는 제강소를 모두 팔기로 결정했습니다. 그리고 많은 사람 앞에서 새로운 삶을 살 것을 선언했습니다.

저는 제강소 회장 자리에서 물러나, 그동안 모은 재산을 나누는 제2의 인생을 살려고 합니다.

왜 갑자기 자선 사업을 결심하셨습니까?

지금 도서관을 짓고 계신다고 하던데요?

저는 많은 사람의 도움으로 이 자리에 섰습니다. 이제는 제가 사회로부터 받은 도움을 되돌려 줄 때라는 생각이 들었습니다.

그렇습니다. 가난한 어린 시절을 보낸 저는 책을 빌려 읽으며 지식을 쌓았고, 꿈을 키울 수 있었습니다. 제가 그랬듯, 많은 사람이 도서관에서 자신의 꿈을 찾길 바랍니다.

여기저기서 도서관을 지어 달라고 난리예요.

앤드루는 자선 사업을 하기 위한 사무실을 차리고, 자신의 재산을 사회에 나누어 주는 일을 시작했습니다.
미국 전역에서 카네기에게 도움을 달라는 편지가 빗발쳤습니다.

그중에서 도서관을 지을 땅을 제공하겠다는 곳을 따로 정리해 두게.

네, 왜요?

도서관을 짓는 일은 여럿이 함께해야 해. 내가 땅을 사서 건물을 짓고, 책까지 다 채워 준다면 오히려 사람들은 도서관의 소중함을 알 수 없을 거야.

그렇군요. 알겠습니다.

도서관을 만드는 일이 마무리되어 가자
앤드루는 제강소에서 일하던
가난한 노동자들을 떠올렸습니다.
그리고 그들을 돕기 위해 기금을 만들었습니다.

이것 좀 보세요!

무슨 일이야?

카네기 씨가 '앤드루 카네기 구제 기금'을
만들었어요. 제대로 대우받지 못하는
우리 노동자들을 위해서 말이에요!
이제 아저씨처럼 은퇴한 사람들도
도움을 받을 수 있대요.

그, 그게 정말이야?

네, 은퇴하면 아무 수입 없이
가난하게 늙어 죽어 가는
노동자들을 위해 만든 거래요.
우리도 당장 신청해요!

세상에 이렇게
고마울 수가……

카네기 씨,
손님이 오셨습니다.

누구신가?

기부를 원하시는
초등학교 교장 선생님
입니다.

안으로 모시게.

끼
익!

후~

앤드루의 지원을 받은 학교는 낡은 건물을 부수고, 새 건물을 지을 수 있었습니다.

그리고 머지않아 아이들을 위한 멋진 학교로 다시 태어났습니다. 그 모습을 본 앤드루는 가슴이 벅차 올랐습니다.

할아버지, 고맙습니다!

앤드루는 말로는 다 설명할 수 없는
보람과 기쁨을 느꼈습니다.
기부를 통한 기쁨은 사업을 하면서
재산을 모으던 것과는
비교할 수 없을 정도로
큰 감동을 주었습니다.

아아…….

애들아, 나도 너희를
도울 수 있어서 기쁘단다!

아이들이 기뻐하는 모습을 보고
앤드루는 교육의 중요성을 깨달았습니다.
미래의 꿈나무를 튼튼하게 키우는 일이야말로
가장 많은 도움이 필요한 분야라 생각한
앤드루는 과학과 교육 사업을 지원하는
'카네기 재단'을 만들기로 했습니다.

카네기 재단은 천문대와 대학을 세워 지식 산업에 많은 도움을 주었습니다.

얼마 전까지만 해도 이곳은 아무것도 없는 빈 땅이었는데, 어느새 이렇게 멋진 대학이 만들어졌군요. 마치 제가 마법사가 된 것 같습니다.

제 사업의 터전이었던 피츠버그에 작게나마 도움이 된 것을 기쁘게 생각합니다. 피츠버그 대학이 지역의 인재를 길러 내기를 소망합니다.

앤드루가 세운 피츠버그 대학은 현재 멜론 대학과 합쳐져 '카네기 멜론 대학'이란 이름으로 바뀌었습니다. 이 학교는 현재 미국의 컴퓨터 공학을 대표하는 명문 대학으로 성장하였습니다.

제가 마지막으로
이루고 싶은 소원이 있다면
영원한 세계 평화입니다.

당시 유럽의 여러 나라들은 서로 힘겨루기를
하며 상대가 먼저 공격하기만을 기다리고
있었습니다. 이것을 본 앤드루는 전쟁 없는
세상을 바라는 마음을 담아 네덜란드에
'평화의 전당'을 세웠습니다.

저는 남북 전쟁을 겪으면서
전쟁이 얼마나 끔찍한 것인지
곁에서 지켜보았습니다.
그러나 세계는 또 다시 그런
슬픈 역사를 되풀이하려
하고 있습니다.

저는 이 자리에서
'카네기 국제 평화 기금'을 만들어
전쟁을 막고자 합니다.
그리고 세계 평화를
지키는 데에 남은 재산을
모두 사용하고 싶습니다.

그러나 앤드루의 소망은 오래지 않아 깨지고 말았습니다.
1914년, 제1차 세계 대전이 일어난 것입니다.

전쟁이 시작되었다는 소식을 들은 앤드루는 누구보다 많은 걱정을 하였습니다. 시시 때때로 전해 오는 전쟁에 대한 참혹한 소식은 앤드루에게 병을 가져다주었습니다.

심한 폐렴을 앓던 앤드루는 1919년 8월 11일, 영원히 눈을 감았습니다. 전쟁은 마무리되어 갔지만, 여든넷의 나이로 오랜 잠에 든 앤드루는 다시 일어날 수 없었습니다.

철강 산업을 꽃피운 사업가이면서도 위대한 기부가로 더욱 존경받는 앤드루 카네기. 그는 전 세계에 3,000여 개의 도서관을 지었습니다.

또 누구나 아름다운 소리를 들을 수 있도록 전 세계에 8,000여 대의 파이프 오르간을 기증했으며, 누구나 공연을 즐길 수 있도록 공연장을 만들었습니다.

그는 노동자들을 위한 구제 기금을 만들고 옛 직장이었던 철도국을 위해 철도 기금을 만들어 노동자들이 은퇴한 후에도 편안한 생활을 할 수 있도록 도왔습니다.

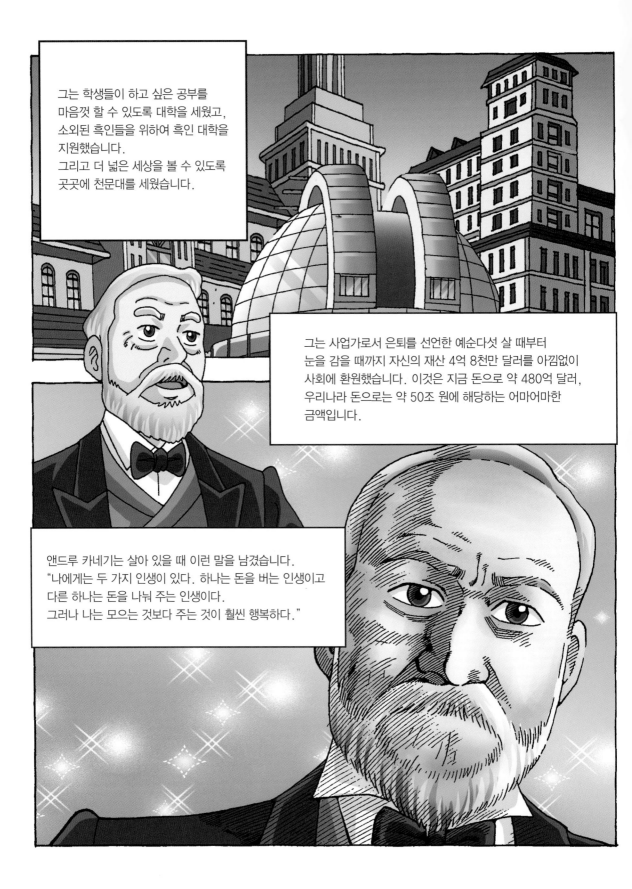

그는 학생들이 하고 싶은 공부를
마음껏 할 수 있도록 대학을 세웠고,
소외된 흑인들을 위하여 흑인 대학을
지원했습니다.
그리고 더 넓은 세상을 볼 수 있도록
곳곳에 천문대를 세웠습니다.

그는 사업가로서 은퇴를 선언한 예순다섯 살 때부터
눈을 감을 때까지 자신의 재산 4억 8천만 달러를 아낌없이
사회에 환원했습니다. 이것은 지금 돈으로 약 480억 달러,
우리나라 돈으로는 약 50조 원에 해당하는 어마어마한
금액입니다.

앤드루 카네기는 살아 있을 때 이런 말을 남겼습니다.
"나에게는 두 가지 인생이 있다. 하나는 돈을 버는 인생이고
다른 하나는 돈을 나눠 주는 인생이다.
그러나 나는 모으는 것보다 주는 것이 훨씬 행복하다."

앤드루 카네기에 대해서는 일생의 대부분을 차지했던 사업가로서의 삶보다 말년의 기부가로서의 삶이
더 많이 알려져 있습니다. 그의 기부는 도움이 필요한 곳이라면 분야를 가리지 않을 정도로 넓었고,
그 혜택은 전 세계 곳곳으로 뻗어 나갔기 때문입니다. 지금도 그가 만든 카네기 재단은
앤드루 카네기의 정신을 이어받아 많은 사람에게 도움을 주고 있습니다.
우리는 이런 카네기의 삶을 통해서 진정한 *노블레스 오블리주에 대해 생각해 봅니다.

1835
-1919

자기보다
현명한 사람들을
모이게 하는 법을
터득한 자,
여기에 잠들다

*노블레스 오블리주: 높은 사회적 신분에 요구되는 높은 수준의 도덕적 의무

who?와 함께라면 미래가 보인다

어린이
진로 탐색

최고 경영자(CEO)

어린이 친구들 안녕?
앤드루 카네기 이야기 재미있게 읽었나요?

그렇다면 이제부터
앤드루 카네기가 꿈을 키워 가는 과정을 함께 되짚어 보며
그가 활동한 분야와 그 분야에 속한 다양한 직업에 대해
살펴봐요!

또한 여러분에게는 어떤 장점과 적성, 가능성이
숨어 있는지 찾아보면서
그것을 어떻게 진로와 연결시킬 수 있는지에 대해서도
알아봅시다.

그럼 지금부터
여러분이 멋진 꿈을 향해 나아갈 수 있도록 도와줄
진로 탐색을 시작해 볼까요?

자기 이해부터
진로 체험까지,
다양한 진로 탐색
활동을 시작해 봐요!

진로
탐색
STEP 1

내가 잘하는 일은?

앤드루 카네기는 열세 살 때 어려운 집안 살림을 돕기 위해 일을 시작했습니다.
전보를 배달하는 일을 할 때 카네기는 주소를 다 외워 누구보다 빨리 전보를 배달할
수 있었고, 전신 소리만 듣고도 모스 부호를 해독할 수 있는 능력 때문에 전신 기사로
승진하기도 했습니다.
여러분도 특별히 잘하는 일이 있을 거예요. 그 일이 무엇인지 생각해 보세요.
또 앞으로 더 잘하고 싶은 일도 생각해 보세요.

✳ **내가 잘하는 일은**

✳ **이 일을 할 때 나의 감정은**

✳ **내가 잘하고 싶은 일은**

✳ **왜냐하면**

168

나에 대해 알아보아요

카네기가 일했던 펜실베이니아 철도 회사의 책임자 스콧은 자신이 자리를 비운 사이
일어난 철도 사고에 빠르게 대처했던 카네기의 결단력을 칭찬했습니다. 한편 그는
실수를 하는 부하 직원을 해고한 카네기의 태도에 대해서는 지나치다고 지적을
하기도 했지요.
여러분도 다른 사람들에게 칭찬을 듣거나 지적을 받은 적이 있나요? 다른 사람들이
생각하는 나의 모습에 대해 물어보고, 내가 생각하는 나의 모습과 비교해 보세요.

(　　　)이/가 생각하는 나의 모습		내가 생각하는 나의 모습
	1 나의 장점은?	
	2 나의 단점은?	

CEO가 하는 역할은?

CEO는 기업 경영의 방침을 결정하고 장기적인 계획을 세우는 최고 경영자입니다. 앤드루 카네기는 철강 회사를 설립하고, CEO로서 회사를 세계적인 기업으로 성장시켰지요.

아래 내용이 CEO가 하는 일로 옳다고 생각하면 ○표, 그렇지 않다고 생각하면 ×표를 하고, 그렇게 생각한 까닭을 적어 보세요. CEO의 역할에 대해서 생각하는 시간이 될 거예요.

CEO의 역할	○ / ×	그렇게 생각한 까닭
1. 솔선수범해야 한다.		
2. 광고에 가장 많은 비용을 들여야 한다.		
3. 자신과 다른 생각은 외면해야 한다.		
4. 직원들이 건강하고 즐겁게 일하도록 해야 한다.		
5. 고객이 무엇을 필요로 하는지 관찰해야 한다.		

예시 답안: 1. ○ / 2. × / 3. × / 4. ○ / 5. ○

세계적인 기업의 CEO는 누굴까?

회사를 세계적인 규모로 키운 앤드루 카네기처럼 오늘날 세계적인 기업의 CEO는 누가 있을까요?

아래에 있는 기업들 중 여러분이 들어본 적이 있는 회사를 찾아 ○표 하세요. 그리고 현재 그 기업의 CEO가 누구인지 조사해 보세요.

〈세계적인 기업〉

- 애플
- 맥도날드
- 월마트
- 마이크로소프트
- 소프트뱅크

- 구글
- 토요타
- 삼성
- 현대
- LG

- 페이스북
- 아마존
- 코카콜라
- 폭스바겐
- 버크셔 해서웨이

페이스북

마크 저커버그

CEO의 일주일은?

언젠가 CEO가 된 내 모습을 상상해 보세요. 일주일을 어떻게 보내게 될까요?
아래에 일주일의 계획을 적어 보세요.

월

화

수

목

금

토

일

목표 달성을 위한 계획표

앤드루 카네기의 성공 열쇠 중 하나는 '노력'이었습니다. 미국 남북 전쟁시 끊어진 철도를 잇는 일을 맡았을 때, 카네기는 밤낮없이 일하여 사흘 만에 철도를 완성했습니다. 이처럼 목표를 달성하기 위해 노력하는 것은 CEO의 중요한 자질입니다. 여러분도 앤드루 카네기처럼 목표를 세우고 달성하기 위해 노력해 보세요.

나의 목표	달성 기간	달성 여부
㉑ 책 다섯 권 읽기	11월 20일까지	○

앤드루 카네기

1835년		11월 25일, 스코틀랜드 던펌린에서 태어났습니다.
1848년	13세	가족과 함께 미국으로 이민을 갑니다.
		방적 공장에서 보빈 보이로 일하게 됩니다.
1850년	15세	전보 배달원을 거쳐 전신 기사로 일합니다.
1853년	18세	펜실베이니아 철도 회사로 옮깁니다.
1859년	24세	펜실베이니아 철도 피츠버그 지점 책임자가
		됩니다.
1861년	26세	미국 남북 전쟁이 시작되어 워싱턴에서 일합니다.
1863년	28세	키스톤 브리지라는 회사를 설립합니다.
1872년	37세	영국의 헨리 베서머를 만나 강철을 생산하기로
		결심합니다.
1875년	40세	자신이 세운 에드거 톰슨 제강소에서 본격적으로
		강철을 생산하기 시작합니다.
1887년	52세	루이즈 화이트필드와 결혼합니다.
1889년	54세	에세이 《부의 복음》을 출간합니다.
		이 책에서 부자의 사회적 책임에 대해 언급합니다.

1892년	57세	홈스테드 제강소에서 노동자들의 파업이 발생하여 인명 피해가 납니다.
1897년	62세	딸 마거릿이 태어납니다.
1899년	64세	카네기가 가진 제강소들을 모두 합쳐 '카네기 제강소'가 탄생하였습니다.
1900년	65세	경영에서 은퇴하고 본격적으로 자선 사업만을 하기로 결심합니다.
1902년	67세	카네기 협회를 설립합니다.
1905년	70세	카네기 교육 진흥 재단을 설립합니다. 카네기 멜론 대학이 설립됩니다.
1910년	75세	세계 평화를 위한 카네기 국제 평화 재단을 설립합니다.
1914년	79세	제1차 세계 대전이 발발합니다. 평화를 기원했던 카네기는 크게 실망합니다.
1919년	84세	8월 11일, 폐렴이 악화되어 사망합니다.

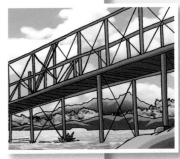

찾아보기